Mālō Hihifo 1

Saturday Movies

Hele'uhila Tokonaki

Sione Tapani Mangisi

Puletau Publishing
Lea Fakatonga Tohi Fakatonga

Books by Sione Tapani Mangisi

Mālō Hihifo Series

1. Saturday Movies / Hele'uhila Tokonaki

2. Getting my licence / Laiseni Faka'uli

Manatu Melie Series

1. Marbles and Mangoes / Mapu moe Mango

2. School Friends – FWPS Kolovai 1955 / Kaungā Ako 'i Nāsaleti Kolovai 1955

3. Flying Foxes along the Boulevard / Tau'anga Peka 'oe Hala Po'uliva'atí

For information on these and new books see Tapani's website www.puletaupublishing.com .

Mālō Hihifo 1

Hele'uhila Tokonaki
Saturday Movies

Sione Tapani Mangisi

Copyright

Saturday Movies
Hele'uhila Tokonaki
Revised edition

Published by Puletau Publishing, Melbourne, Naarm, 2025. Puletau Publishing acknowledges and pays our respects to the past, present and future Traditional Owners and Custodians of Country throughout Australia.

Copyright © 2025 John T Mangisi.
Design: Irene Webley.

John T Mangisi asserts his moral right to be known as the author of this work. No part of this book may be reproduced by any process, stored in a retrieval system, or transmitted in any form by any means electronic, mechanical, photocopying, recording or otherwise without the prior written consent of the copyright holder, apart from fair dealing for the purposes of private study, research, criticism or review. All Rights Reserved.

ISBN: 978-0-6457987-9-1

This book was written using Microsoft Word.
Cover Design and illustrations were developed using Canva.

No AI Training

Without in any way limiting the author's and publisher's exclusive rights under copyright, any use of this publication to "train" generative artificial intelligence (AI) technologies to generate text is expressly prohibited. The author reserves all rights to license users of this work for generative AI training and development of machine learning language models.

Dedication

For my grandchildren,
Siesia, Roy, Elizabeth & Charlotte Cocker.
May you always remember to work hard,
to treasure and respect your family and
to be kind and responsible in all your relationships.

Koe Foaki

Ma'a hoku fanga mokopuná,

Siesia, Roy, Elizabeth mo Sālote Cocker.

Kemou manatu'i ma'upe kemou ngāue mālohi,

kemou mahu'inga'ia mo toka'i 'ae familí

'ihe 'ofa moe fetokoni'aki 'i ho'omou ngāhi

feangainga kotoa pe.

Contents / Ko e Hokohoko

1. Movies and our school / Hele'uhilá mo homau 'api akó
   Page 1.

2. Setting up / Teuteu falé Page 7.

3. At the movie show / 'I loto fale faiva Page 17.

4. Sneaking Inside / Hola ki loto fale Page 21.

5. Favourite films / Ngāhi faiva manakoā Page 31.

6. More Fun / Toe fakaoli ange Page 37.

1. Movies and our school /
Hele'uhilá mo homau 'apiakó.

The Free Wesleyan Primary School in Kolovai is a big, long, slender building, probably 7 meters wide and going back perhaps 30 meters.

Koe fale akoteu 'oe Siasi Uesiliana 'i Kolovaí, koe fale loloa kae fāsi'i. Mahalo pe ki he mita pe 'e 7 fālahi kae lele lōlōa kimui ki ha mita nai e 30.

All our classes were held there, each one in its set place, in order from the street end, class 5, 4, 3, 2, and class 1 at the back.

Koe kalasí katoa 'e 5 na'e 'ihe fale koeni pe 'e taha. Kalasi 5 taupotu kihe hala pule'angá pea hokohoko mai e 4,3,2,moe 1, he mui'i fale 'e tahá.

On week nights there might be homework classes, mainly to help class five kids prepare for their high school exams. And sometimes meetings.

Koe fai'anga pōakó eni he lolotonga 'oe uiké 'ae kalasi 5 ki he 'enau teu sivi ki he ngāhi kolosí. Fa'a fai'anga fakataha he taimi e ni'ihi.

Most importantly for us, in some weekends it was hired out for movie shows.

Ka kia kimautolu e kau leka', koe fale fai'anga hele'uhilá eni.

Some weeks before the night, the movie people would come and put up these great big posters in the local village shops. You'd see them there.

Koe ngāhi uike kimu'a pea fai e faivá, kuo 'osi ha'u 'ae kautaha hele'uhila 'o fakapipiki 'ae ngāhi pousitā tu'uaki 'oe faiva' 'ihe fanga ki'i falekoloa kotoape he 'otu kolo'. Mau sio kotoa pe kiai.

Oh, that's looks a good movie that one.

'Oi, fo'i faiva ngali mālie tama é.

Because you'd see the pictures of the actors there with pistols and rifles, on horses. Action movie, cowboys and Indians.

And people would go: Oh ... yeah that's a good movie.

'Oku te sio pe ki he kau tamā moe 'enau pekenené moe laifoló, heka he hoosi – faiva tau e kau kaupoé moe kau Initiá.

Pehé pe kakai: 'Io fo'i fāiva mālie é.

Some people might have already seen the movie. "Oh I saw that movie over in the eastern district, very good movie."

Kau tama e ni'ihi na'a nau 'osi sio nautolu he fo'i faivá. " 'Oo ... nau 'osi sio au he fo'i faiva koena in Hahake, fo'i faiva mālie 'aupito."

2. Setting up / Teuteu falé

Sometimes there might be two movies. It was pretty much always on Saturday nights and because Sunday is coming, they can go no later than 12 midnight anyway.

Taimi e ni'ihi 'oku faiva ua. Na'e fai e faiva' meimei he pō tokonaki' pe, pea koe'uhí 'e Sāpate ia he 12 po'ulí, koupau ai ke tuku e faiva' kimu'a he 12 tu'apoō.

That's why it starts at 8 or 8.30 when it's dark, because it's got to finish by 11.30 or soon after. Pass midnight, it will be Sunday, and that is not permissible by law.

Koe 'uhinga ia 'oku kamata ai he 8 - 8.30 ke 'osi kimu'a he 11.30 pea mātuku. Ka laka atu he 12 tu'apoō kuo Sapate ia pea 'oku tapu ia he laō.

In the 1950s there was no electricity in the villages so the movie guys would come with their own generator and all the necessary gear for the job.

'Ihe 1950 tupú, na'e te'eki ke 'iai ha 'uhila ia he ngāhi koló, koia ai na'e ha'u pe 'ae kau fai faivá mo 'enau ki'i misini 'uhila moe naunau kotoa pe tenau fiema'u ki he 'enau ngāué.

All those big reels of film that they would wind through the machine/projector to give you the picture by shining a light through it to provide the picture you see, while winding it through to the other side.

Ngāhi fu'u takainga filimi lalahi pea fakahūhū pe e lau'i filimi' ki he misi faivá. Nau hulu'i leva 'ae fo'i maama 'uhila lolotonga hono takai 'oe fo'i filimí 'ihe misini faivá ke mau ai 'ae ngāhi 'ata koia 'oku tau sio faiva aí.

And maybe there are two or three reels for the night. These reels were huge may 200 – 400 millimeters in diameter with 25 – 30 millimeter wide film wound up in them.

Mahalo pe ko ha fo'i takainga filimi e ua pe tolu ki ha fo'i pō faiva. Koe ngāhi fu'u fo'i takainga filimi lalahi, mahalo pe ki he milimita e 200 - 400 taiamita, pea takai ai e filimi milimita e 25 - 30 nai hono fālahí.

It was usually two shillings for adults to get in and one shilling for the kiddies – this is the time of the British currency sovereigns/ pounds, shillings and pence money – dollars came in much later.

Koe totongi huū na'e silini e 2 'ae kakai lalahi' pea silini e 1 leva e kau leka'. Koe taimi eni na'e kei ngāue 'aki pe 'ae pa'anga Pilitania ko sovaleni, silini, moe peni – toki liliu ki he $ tolá kimui mai 'aupito.

And there'll be one or two people there, usually selling just cooked or raw peanuts in the shells. A bit of paper folded into a cone and filled up and that's sixpence.

Fa'a 'iai ha toko taha pe ua na'ana fakatau pinati ta'o pe mata kae te'eki fohi. 'Ai pe ha ki'i lau'i pepa 'o takai'i ke hangé ha kouní pea fakafonu pinati pea fakatau ia ki he peni ono.

Anyway, you pay. Go in and find yourself a spot. Wherever you like.

'Osi pe 'ete totongi pea te hu ki loto 'o kumi hato nofo'anga. Ha feitu'u pe.

Come the day, everybody is watching out anxiously from their houses, and there's talk:

"Movie tonight, have you seen the ..."

"No, haven't seen them yet, they haven't come."

Koe 'aho' eni, taki taha nofo pe hono 'api mo talitali:

"Hele'uhila 'apō, na'ake sio ki he ..."

" 'Ikai, te'eki keu sio ki ha me'a, te'eki kenau omi kinautolu."

After a little while, they arrive with all their movie gear in the back of a truck, including their generator. You can hear the truck coming from miles away. Two or three guys are there to set up and run the show.

Taimi si'i pe kuo nau 'asi mai he'enau loli' fonu he naunau faiva' moe ki'i misini 'uhila'. Tau fanongo pe kihe 'u'ulu mai 'ae lolí he mama'o. Pea 'iai mo ha toko ua pe tolu kenau fakalele 'ae hele'uhilá.

3. At the movie show /
'I loto fale faiva

So, movie night, this is what everyone has been waiting for and everyone is there. They are all very excited and all talking very loudly at the same time.

Koia koe pō faiva eni na'a tau fiu tali kiaí, pea kuo 'osi kotoa mai e kakai ki heni. Nau fiefia mo talanoa le'o lahi 'aupito kātoa he taimi tatau pe.

They can buy their peanuts throughout the night but usually before the movie starts. Once in, you'll hear crackle, crunch, crackle, everybody peeling peanuts. And after the movie, everyone disappears and there's peanut shells from the front to the back. A good night.

Ngofua pe fakatau pīnatí ha taimi pe kae lahi tahá kimu'a pea nau toki hu ki lotó. Ko 'ete hu pe ki loto 'o fanongo kihe longoa'ā moe pākakihi 'ae fohi pīnati 'ae kakaí. 'Osi e faivá pea nau mātuku kātoa. Kili'i pīnati pe mei mu'a ki mui. Ma'u 'enau fiefiá.

There's a small stage in the building at the street end. That's where the movie projector sits against. You enter via the main door halfway along and that's where the money collector sits and then you go in and sit where you like.

'Oku 'iai e ki'i siteisi he mui'i fale kih e halá. Pea koe misini faivá na'e fakafalala atu pe kiai. Koe matapā hu'angá 'oku 'ihe vaeua'anga 'oe falé, pea koia 'oku nofo ai e tali totongí. 'Oku te hu pe pea te nofo ha feitu'u pe 'oku te fie nofo ai.

Usually, the kids will go to the far end where class one usually sits, because that's where the screen is. They all sit there close up by the screen, never mind. And all the kids are there, graduated up to the adults at the back right up and on the stage. The projector has its own legs and they place it against the stage, because if it's on the stage it will be too high.

Koe kau leká 'oku nau nofo ofi atu ki he laā, 'ihe nofo'anga e Kalasi 1. Pea toki nofo fakaholoholo mai aipe ki he siteisí. Koe misini faivá 'oku 'iai pe hono va'e pea 'oku fakafalala atu pe kihe siteisí. 'Ikai ke hili ki he funga siteisí he'e fu'u ma'olunga ia.

4. Sneaking inside /
Hola ki loto fale

On the stage there's another door facing the road, and there's a window on each side, with shutters that can be opened when required. It gets quite hot so they're usually open just a little at the start of the show.

'Ihe funga siteisí 'oku 'iai e matapā e taha hanga ki he halá, pea moe ongo matapā teke e ua, takitaha he ongo tafa'akí. Pea 'e ki'i teke'i pe ke ava 'oka fu'u 'afu, he kamata 'ae faivá.

Now here's the plan. We boys want to go in but don't have enough money. We cook up an idea for one of our older mates to get in and seat himself down on the window sill that's facing the bush.

Koe palani eni. Mau fie hu katoa kae 'ikai ke 'iai ha'amau totongi hu. Mau fakakaukau leva ke mau penipeni ke hu ha tama lahi ki loto 'o nofo he matapa teke taupotu ki he vaó.

Then when the show starts and everyone is glued on the screen, he'll open the shutter and pull us in. All set.

Pea koe kamata pe 'ae faivá pea lolotonga e tokanga 'ae kakai ki he kamata 'ae faivá 'e hanga leva 'ehe 'emau tangatā 'o fakaava 'ae matapā teké 'o fusi tahataha hake ai kimautolu ki loto. 'Osi maau.

We pool our money to pay for his ticket, to get him inside. And we tell him: "Make sure you go and sit at the back on that window." Give him a cone of peanuts and off he goes.

Mau tānaki 'ene totongi pea talaange kiai: "Manatu'i keke 'alu 'o nofo he matapā teke'." 'Oange mo ha'ane kofu pīnati pea 'alu e tangatá. 'Alu pe 'o nofo he matapā teke na'amau 'osi felotoi kemau kaka hake aí.

Then the movie starts, while everyone including the movie guys are enjoying the movie, you'll jump up and pinch your mate on the bottom.

Kamata e faivá pea kuo sio katoa e kakai kimu'a kau ai moe kau fai faivá. Puna hake e leka e taha 'o 'ene'i e tungaiku 'emau tangatá.

He'll do a quick check when no one is looking because you know the movie operators have their own spies as well to make sure there are no sneakers like us. Most of us hide under the school house, waiting.

Ki'i fakasiosio holo he 'oku 'iai pe foki moe kau le'o 'ae kau faifaivá ke fakasi'isi'i e kau hu ta'e totongi hangé ko kimautolú. Mau toitoi pe he lalo falé mo talitali.

The shutter opens when everyone is glued to the screen. Hurry!

Ava hake e matapā teké he lolotonga sio kimu'a 'ae kau matafaivá. Vave!

Up we go 1,2 or 3 inside each time. The whole thing is totally in the hands of our man as he does the lookout, waiting for the right moment. And if we're lucky maybe all ten kids will get up in one go, and sneak their way through to the front.

Fusi fakavave hake ha toko 1 pe 2 pe 3. Falala pe ki he 'emau tangatá he koia 'oku ne fai 'ae fakasiosio 'i 'olungá. Pea kapau e sai pea 'e lava kotoa hake ha toko 10, pea nau toki taki taha tolotolo ai pe kimu'a.

There's a lot of noise. That helps. The projector motor grumbles away and the generator outside, not too far away, makes its own loud growling. Thumping away. And everybody cheering inside.

Longoa'a foki pea talanoa le'o lahi moe kakaí. Koe misini faivá 'oku longoa'a moia pea toe tupulū mai moe misini 'uhilá mei tu'a. 'Asili ai moe toe kakata moe tuē 'ae kau matafaivá ia.

We're in a hurry to get in. We don't want to miss any of the good bits. So, we do it fairly quickly in say 15 minutes. We're all very excited.

Mau feinga fakavave ke mau tō katoa ki loto kemau sio kakato e fo'i faivá. Mau feinga kemau 'osi kotoa ki loto he vave tahá, ha miniti nai e 15 pe.

5. Favourite films / Ngāhi faiva manakoā

Action movies were the most popular ones, about men and fighting. Nobody really wanted to see movies with too many women. "Oh very bad movie this one – too many women."

Koe ngāhi faiva manakoa tahá koe faiva taú, pea ke meimei kakai tangata kotoa pe. 'Ikai ke fu'u manakoa ha faiva 'oku tokolahi ai e kakai fefiné. "Faiva kovi eni, fu'u tokolahi e kakai fefiné."

And I got sucked into that. But I didn't really think much about women then. I liked the cowboys and Indians, bang bang, shoot, or bank robbers, not a lot of women.

Kau aipe mo au he na'e 'ikai ke fu'u 'uhinga ia kia au. Na'aku sai'ia pe au he ngāhi faiva kaupoé moe kau 'Initiá …pa pa pa ! pe koe hae pangikē, pea tokosi'i moe kakai fefiné.

Or you just see women running to hide with the children, and that's all right, but when they come in there and be in the action with the guys – not very good, not a very good movie.

'Oku te sio pe ki he hola 'ae kakai fefiné moe kau leká ... saipe ia. Koe koví pe kapau tenau ha'u ke kau he keē moe kakai tangatá - 'oku 'ikai sai ia, fo'i faiva kovi eni.

Of course, the movies were all in English and there were no Tongan captions. Even if there had been, you wouldn't read them, your eyes are fixed on the actors and not on what they say.

'Io na'e 'ihe lea fakapapālangi kātoa pe 'ae hele'uhilá, pea na'e 'ikai 'e tohi fakaTonga pe ā. Tatau aipe he na'e 'ikai ke fie lau ia 'ehe kakaí he na'anau femo'uekina pe kinautolu he mālie 'oe mata faiva'.

You just work the story out from what's happening. And if they're shooting, well you see the smoking guns and you hear the bang, bang, bang, and if the horses are galloping away, or a fist fight. You see it all happening.

Pea te toki fakahokohoko aipe 'e kita 'ae fo'i talanoa' meihe ngāhi 'ata meihe faiva'. Pe 'oku nau taufana, moe kohu 'ae pekenené, pea moe lele 'ae fanga hoosi', pe ko ha fuhu tuke. 'Oku te sio kotoa pe kiai.

6. More fun / Toe fakaoli ange

When I returned to Tonga in 1971 after studying in New Zealand since 1966, I discovered that the Saturday night movies were still as popular as ever in the villages.

Na'aku foki atu ki Tonga he 'osi e 1971 hili ia 'eku 'alu ki Nu'usila he kamata e 1966 he ki'i pu'i fakaako 'ae Pule'anga', 'oku kei lele mālohi tatau pe ´ae hele'uhila he ngāhi koló.

There'd been some changes of course. The thuddering big trucks had been replaced by vans.

'Iai pe 'ae ki'i fakalaka si'isi'i pe. Kuo puli atu e ngāhi fu'u loli lalahi kae 'asi mai e fanga ki veeni.

We still didn't have electricity, but the movie guys were using smaller and quieter generators.

Te'eki pe ke a'u atu e 'uhila' ka koe fanga ki'i misini' 'oku iiki ange mo 'ikai fu'u longoa'a.

Unfortunately, the movies were all in English still. But amazingly they now have an interpreter. None other than my younger brother George 'Aloha ki Waikato River Graber Mangisi. With his very own megaphone.

Me'a pango koe faivá na'e kei 'ihe lea fakapapālangi pe, kae 'oi fakapō, kuo 'iai eni 'enau tangata fakatonulea fakaTonga. Ko hoku tehina eni ko *Siaosi 'Aloha ki Waikato River Graber Mangisi.* Pea mo 'ene fu'u mekafoni fakale'olahi lea.

The show starts. All eyes on the screen. The music is loud but with English script, and over the top is 'Aloha's voice through the megaphone.

Kamata e faiva'. Sio kotoa pe e kakai kimu'a ki he laā. Le'o lahi e leá ka koe lea fakapapālangi pe foki, pea toe le'o lahi hake ai 'ae le'o 'o 'Aloha' he 'ene fu'u mekafonÍ.

And he is shouting in Tongan, *"And there they go, the Indians hurrying up there ready to attack the wagon."* And that's exactly what you're seeing. So, he's just describing what's on the screen, but in Tongan of course.

Pea 'oku kaila fakaTonga', *"Koena koe kau 'Initia' ena 'oku nau lele atu ke 'ohofi e salioté"*. Ka koe me'a pe foki ia 'oku nau sio kotoa atu kiaÍ. Fakamatala pe foki 'a 'Aloha, ka 'ihe lea fakaTongá.

That's the difference. And everybody claps. Excitement all round.

Koe hono faikehekehé ia. Kae toki vā mo pasi e kakai he fiefiá.

They love that it's in Tongan. They can all relate to it. His version is not the same as the English script. Indeed it may not relate to it at all. But the audience loves to hear about the action going on and all the poor Indians or the baddies being shot, all told in Tongan.

Ma'u 'enau fiefia ko 'enau fanongo ki he fakamatala fakaTongá. Koe fakatonu leá 'oku ofiofi pe ki he fakapapālangí. Ka koe taimi lahi koe fo'i fakamatala kehe 'aupito pe ia. Koe fiema'u 'ae kau mamatá ia kenau sio ki he taú mo hono fana e kau 'Initiá moe kau koví 'oku fakamatala'i fakaTonga.

" And there is John Wayne shooting all the Indians and the baddies, and there they all are, dead."

"Pea ko Sione Uaine ena 'oku ne fana kotoa e kau 'Initiá moe kau koví pea koena kuo nau 'osi kotoa he mate."

People come up to 'Aloha after the show. "You're a very good interpreter. Wonderful, I really liked that." And shake his hand.

'Osi e faivá, ha'u e kakai e ni'ihi kia 'Aloha: "Mālō 'aupito, tōtōatu e fakatonu leá. Sai 'aupito" Lulu.

"No problem ... thank you." Modestly. Humbly.

"Saipe ia ... mālō." 'Aki'aki mui pe.

My dear brother hardly knew any English at that time but he has seen all the movies many many times already.

'Ihe taimi koia' na'e 'ikai fu'u lelei e lea fakapāpālangi ia 'a 'Alohá, ka kuo 'osi tu'o fiha ngeau 'ene sio 'ana he katoa 'oe 'u faivá.

So he makes up the Tongan version as he goes along. He knows what the audience likes and creates his own drama to go with the action. Lifts the roof off every time. Over and over again. It's entertainment and everyone gets more than their two bob's worth.

Pea kuo ne 'osi 'ilo 'e ia e me'a kotoa, pea ne toki fa'u ai pe 'eia e fo'i talanoa fakaTongá ke ma'u ai e fiefia 'ae kau mamatá ke tuha mo 'enau fakamolé.

'Aloha used to travel round the districts of Tongatapu with the Tualau (from Kolonga) movie show.

Na'e kau a 'Aloha he 'alu holo moe kau fai faiva 'a Tualau koé mei Kolongá.

Sione 'Aleki the renown ukulele virtuoso from Kolonga is a cousin of ours and is a nephew of Tualau who owns the movie business.

'Oku mau tokoua 'aki 'a Sione 'Aleki (tangata tā 'ukulele 'iloa koia mei Kolongá) pea koe 'ilamutu ia 'o Taulau 'aé 'oku 'a'ana 'ae pisinisí.

Sione 'Aleki would kick off with a few of his favourite numbers to pull in the crowd. This was how 'Aloha got to join the troupe and to perform his version as a translator and entertainer.

'Uluaki taa'i pe 'e Sione 'Aleki ha ngāhi fo'i fasi 'oe kuongá koe uiui kakai pe kimu'a pea toki kamata e faivá. Koe 'uhinga eni na'e kau ai 'a 'Aloha he kau fai faiva 'a Tualaú, koe tokotaha fakatonulea.

During the school holidays at Toloa, instead of going home to Ha'avakatolo, he'd take off to Kolonga and join the movie troupe. And in any other spare time he could find.

'Ihe taimi lahi lolotonga e tutuku 'ae ako 'i Toloá, na'e 'ikai foki 'a 'Aloha ia ki Ha'avakatolo, kae 'alu ia ki Kolonga 'o kau he kau fai hele'uhilá.

One Saturday during the peak of the John Wayne and Clint Eastwood era, they were showing A Fist Full of Dollars starring Clint Eastwood, at Nukunuku.

'Ihe pō Tokonaki e taha lolotonga e taimi na'e kei manakoa ai 'a Sione Uaine mo Kiliniti 'Isitiutí, na'a nau hulu'i ai e fo'i faiva 'iloa koia 'a Kiliniti 'Isitiuti koe *Koe Fu'u Falukunga $$$* 'i Nukunuku.

'Aloha was at his best, lifting the roof off time and again during the show. He and his megaphone sent the crowd into a frenzy.

Pea koe taimi eni na'e kei tika mo'oni ai moe fakatonu lea 'a Siaosi 'Alohá mo 'ene fu'u mekafoni 'ihe 'ene fakamatala'i fakaTonga e fo'i faivá pea vavā pe kakaí ki he ninimo.

Afterwards, when the show ended, people crowded around 'Aloha showering him with praise.

'Osi e faivá pea koe me'a tatau pe, ha'u e kakaí 'o lulu mo fakamālō kia 'Aloha.

A local chap, Lūpeti, who was very fluent in English came holding a chair in one hand, like a club as if to hit 'Aloha with it, looking very serious but only joking …

Koe taha 'o kinautolu ko Lūpeti na'e poto 'aupito ia he lea fakapapālangí pea 'asi mai ia moe fu'u sea 'osi hiki ki 'olunga koe 'ai ke ta'ai 'aki a 'Aloha. Koe fākahua pe …

" 'Aloha, what's that translation stuff, nothing to do with the movie!"

'Aloha, as always sharp witted, shot back at him, "Sorry Lupeti, don't forget you and I went to Newington, but what of our cousins here. It was for them to enjoy."

Truth is, only Lūpeti went to Newington.

" 'Aloha koe ha e fakatonu lea koeni ? 'Oku 'ikai ke tatau ia moe lea he faivá!

'Oku toe māsila pe 'a 'Aloha ia ki hono talí', "Kātaki Lupeti, manatu'i na'ata ō kitaua ki Niuingatoni, kae si'i fēfē hota fanga tokoua koení !!! Koe 'ai pe ke ma'u ai 'enau fiefiá." Ko hono mo'oni, ko Lūpeti pe na'e 'alu ki Niuingatoní!.

Much laughter again from all of those close by.

Nau toe kakata aipe.

Just another Saturday night at the movies.

Koe anga ia e matafaiva he pō Tokonakí.

KAMATA!

Did you know?

Movies were probably brought to Tonga by the American military as entertainment for their soldiers during WW2.

Sai ketau 'ilo.

Kou tui na'e 'omai ki Tonga ni 'ae hele'uhila' 'ehe kau tau 'Amelika' lolotonga e Tau Lahi hono 2, ke sio faiva ai 'enau kau sotiá.

www.ingramcontent.com/pod-product-compliance
Lightning Source LLC
Chambersburg PA
CBHW061741070526
44585CB00024B/2764